Auf Augenhöhe ... Gesichter der Armut

Fotografien von Pasquale d'Angiolillo

Das Projekt

»Ich habe an dem Projekt teilgenommen, weil ich so abgelichtet werden wollte, wie ich mich sehe. Sichtbar werden – weniger aus Eitelkeit, als aus dem Wunsch nach Anerkennung heraus. Anerkennung meiner Person, meiner Geschichte und meines Innenlebens«, erklärt Stephan.

14 von Armut betroffene Menschen haben in einem zweijährigen, intensiven Prozess gemeinsam ihre jeweiligen Lebenssituationen aufgearbeitet und sich in der Gruppe darüber ausgetauscht. Zu der Gruppe gehörte auch der Fotograf Pasquale, der die Treffen begleitete und so ein Klima des Vertrauens aufbaute. Initiiert wurde das Projekt von der saarländischen Armutskonferenz.

Vorgaben gab es keine – außer: Die Betroffenen hatten stets das Sagen. Letztendlich haben sie das Motiv ausgewählt, das ihrer Meinung nach ihre Lebenssituation am besten repräsentiert.

Lebensverläufe, Hoffnungen, Brüche, Verletzungen, Mut, die Kraft, trotz Widrigkeiten weiterzuleben, all dies kam zur Sprache. Auf dieser Grundlage wurde schließlich das jeweilige Porträt ausgewählt, die subjektive Lebenswirklichkeit konnte abgelichtet werden.

»Auf Augenhöhe … Gesichter der Armut« sind Bilder, die die Einzigartigkeit und Vielfältigkeit von armen Menschen widerspiegeln. Diese Bilder zeigen, dass Menschen in Armut alles andere als nur Objekte mildtätiger Gesten sind, die ihr Leben schamvoll verstecken wollen. Sie sind Individuen auf Augenhöhe mit Selbstbewusstsein und Stolz, die ihre Lebensleistung ungeschminkt öffentlich machen.

Wolfgang Edlinger

»Auf Augenhöhe … Gesichter der Armut«

Es sind ausdrucksstarke Gesichter, in die man schaut. Gesichter von Menschen, die ihren Blick nicht senken, die sich eine Begegnung auf Augenhöhe wünschen. Pasquale D'Angiolillo ist es gelungen, sich den Porträtierten zu nähern und Vertrauen aufzubauen. Mit eindringlichen und sensiblen Bildern lässt er erahnen, was die Menschen bewegt, was sie fühlen und wie sie ihr Leben in Armut wahrnehmen.

»Auf Augenhöhe … Gesichter der Armut« präsentiert Bilder des Fotografen Pasquale D'Angiolillo, die in einem zweijährigen Projekt mit Menschen, die von Armut betroffen sind, entstanden. Initiiert und begleitet wurde das Fotoprojekt von der Saarländischen Armutskonferenz und der Arbeitskammer des Saarlandes. In einem geschützten Raum haben die Beteiligten ihre Lebenssituation reflektiert, Motive besprochen und Fotos ausgewählt.
Nur so konnte es gelingen, Menschen zu finden, die bereit waren, sich abbilden zu lassen, sich selbst einzubringen und sich zu ihrem Leben zu bekennen.

Das Engagement für soziale Gerechtigkeit und die Bekämpfung von Armut ist eines der zentralen Handlungsfelder der Arbeitskammer des Saarlandes. Aus der intensiven Zusammenarbeit mit der Saarländischen Armutskonferenz und dem Fotografen Pasquale D'Angiolillo entstand die Idee einer Fotoausstellung, die einerseits Armut sichtbar macht und bei der die Betroffenen im Mittelpunkt stehen, andererseits aber auch die Politik in die Pflicht nimmt, die Bekämpfung der Armut stärker zu gewichten.

Mit der Ausstellung »Auf Augenhöhe« ist es gelungen, Armut aus ihrer Anonymität herauszureißen, ohne erhobenen Zeigefinger aber einfühlsam und mit großer Wertschätzung der Menschen, die sich von widrigen Lebensumständen nicht unterkriegen lassen.

Thomas Otto

Stephan, 47

Er erhielt mit 18 Jahren die niederschmetternde psychiatrische
Diagnose: Schizophrenie, unheilbar.
Entgegen aller Prognosen ist ihm der Weg ins Leben zurück gelungen.
Selbstheilung ist für ihn zum Lebensmotto geworden.

Beate, 59

Sie lebte 25 Jahre lang auf der Straße.
Seit 17 Jahren engagiert sie sich in der Wärmestube und ist inzwischen feste Mitarbeiterin.

Uwe, 57

Die Kindheit außerhalb des Elternhauses hat sein Leben entscheidend geprägt.
Uwe kämpft mit großer Energie gegen Bürokratie und Behörden, für eine menschenwürdige Existenz.

Einsamkeit

Einzelkämpfer

Heike, 29

»Ich lebe mein Leben mit und für meine Kinder.«

Kleine Insel des Glücks

Sorgenvolle

Marcel, 53

»Ich lebe mein Leben.«

Marianne, 62

Sie war fast 40 Jahre mit Leidenschaft Busfahrerin im In- und Ausland.
Krankheitsbedingt – durch Dieselvergiftung – ist Marianne
seit acht Jahren frühverrentet, mit einer Rente auf Hartz-IV-Niveau.

Trauer und Verlust

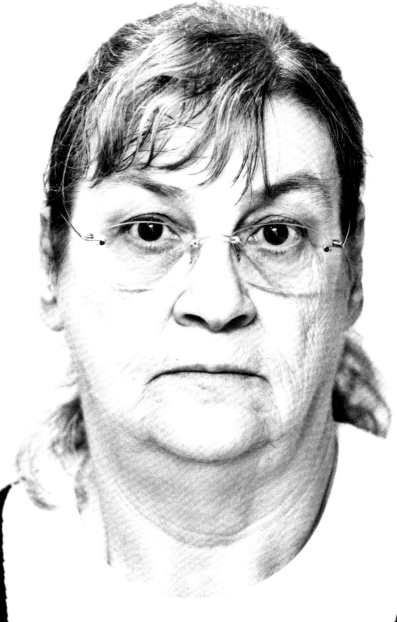

Aus der Bahn geworfen

Jürgen V., 65

Er war in verschiedenen Vereinen ehrenamtlich tätig.
Behördenwahnsinn oder Behördenwillkür hinterließen Spuren
auf der Seele. Doch Aufstehen und Weiterkämpfen hat
bei ihm letztlich zum Erfolg geführt.

Manjeet, 34

Er durchlebte eine 15-jährige Drogenkarriere.
Seit fünf Jahren hat er den Absprung aus der Szene geschafft.
Geholfen haben dabei Partnerschaft und ein Job in der Wärmestube.

Ede, 54

Er war zehn Jahre Hausmann, durchlebte danach tiefgreifende Abstürze, raffte sich immer wieder auf.
Die »Bürgerarbeit« als Seniorenbetreuer gab Ede Halt und Hoffnung. Als diese 2014 endete, zerplatzte die Seifenblase.

Wieder ausgebremst

Nachtrauender

Reinhard, 65

Er bemühte sich in den letzten 15 Jahren mit viel Energie
in der Arbeitswelt Fuß zu fassen. Reinhard überlebt als Aufstocker
an der Armutsgrenze.

Freiheit Suchender

Michael, 50

Sein Alltag ist seit Jahren von Krankheit geprägt.
Michael ist arm und fühlt sich
vom sozialen Leben ausgeschlossen.

Suche nach Gesundheit

Hoffender

Manfred, 62

Sein Leben ist ein Auf und Ab.

»Auch wenn man mir übel mitspielt, ich lasse mich nicht unterkriegen.«

Jürgen T., 62

In seinen Adern schlagen 14 Jahre Straße.
Jetzt ist er voller Kraft und Energie für die Zukunft.

Klaus, [?]

»Wir haben kein Energieproblem« – mit Pedalkraft zum Ziel.
Er lebt jetzt seinen Traum in Portugal.

Überlebenstechnologie   Getriebener

Impressum

1. Auflage © 2018
Bibliografische Informationen der Deutschen Nationalbibliothek
Die Deutsche Nationalbibliothek verzeichnet diese Publikation in der Deutschen Nationalbibliografie.
Detaillierte bibliografische Daten sind im Internet über http://dnb.d-nb.de abrufbar.

ISBN 978-3-941095-48-9

Das Werk einschließlich aller seiner Teile ist urheberrechtlich geschützt. Jede Verwertung ist ohne Zustimmung des Verlag unzulässig.
Dies gilt insbesondere für Vervielfältigungen, Übersetzungen, Mikroverfilmungen und die Einspeicherung und Verarbeitung in elektronischen Systemen.

© Pasquale D'Angiolillo by Edition Schaumberg, Thomas Störmer, Brunnenstraße 15, 66646 Marpingen
Telefon (06853) 502380, E-Mail: info@edition-schaumberg.de
Verlagsinformationen im Internet unter www.edition-schaumberg.de

Druck und Verarbeitung: Kern Druck, Bexbach

Initiiert und begleitet wurde das Fotoprojekt von der Saarländischen Armutskonferenz und der Arbeitskammer des Saarlandes.